Skybabe™

JOURNAL

bon voyage

PASSPORT

Date: ....

Place: ....

Date: ....

Place: ....

Date: ....

Place: ....

Date: ....

Place: ....

Date: ....

Place: ....

Date: ....

Place: ....

Date: ....

Place: ....

Date: ....

Place: ....

Date: ....

Place: ....

Date: ....

Place: ....

Date: ....

Place: ....

Date: ....

Place: ....

Date: ....

Place: ....

Date: ....

Place: ....

Date: ....

Place: ....

Date: ....

Place: ....

Date: ....

Place: ....

Date: ....

Place: ....

Date: ....

Place: ....

Date: ....

Place: ....

Date: ....

Place: ....

Date: ....

Place: ....

Date: ....

Place: ....

Date: ....

Place: ....

Date: ....

Place: ....

Date: ....

Place: ....

Date: ....

Place: ....

Date: ....

Place: ....

Date: ....

Place: ....

Date: ....

Place: ....

Date: ....

Place: ....

Date: ....

Place: ....

Date: ....

Place: ....

Date: ....

Place: ....

Date: ....

Place: ....

Date: ....

Place: ....

Date: ....

Place: ....

Date: ....

Place: ....

Date: ....

Place: ....

Date: ....

Place: ....

Date: ....

Place: ....

Date: ....

Place: ....

Date: ....

Place: ....

Date: ....

Place: ....

Date: ....

Place: ....

Date: ....

Place: ....

Date: ....

Place: ....

Date: ....

Place: ....

Date: ....

Place: ....

Date: ....

Place: ....

Date: ....

Place: ....

Date: ....

Place: ....

Date: ....

Place: ....

Date: ....

Place: ....

Date: ....

Place: ....

Date: ....

Place: ....

Date: ....

Place: ....

Date: ....

Place: ....

Date: ....

Place: ....

Date:

Place:

Date: ....

Place: ....

Date: ....

Place: ....

Date: ....

Place: ....

Date: ....

Place: ....

Date: ....

Place: ....

Date: ....

Place: ....

Date: ....

Place: ....

Date: ....

Place: ....

Date: ....

Place: ....

Date: ....

Place: ....

Date: ....

Place: ....

Date: ....

Place: ....

Date: ....

Place: ....

Date: ....

Place: ....

Date: ....

Place: ....

Date: ....

Place: ....

Date: ....

Place: ....

Date: ....

Place: ....

Date: ....

Place: ....

Date: ....

Place: ....

Date: ....

Place: ....

Date: ....

Place: ....

Date: ....

Place: ....

Date: ....

Place: ....

Date: ....

Place: ....

Date: ....

Place: ....

Date: ....

Place: ....

Date: ....

Place: ....

Date: ....

Place: ....

Date:

Place:

Date: ....

Place: ....

Date: ....

Place: ....

Date: ....

Place: ....

Date: ....

Place: ....

Date: ....

Place: ....

Date: ....

Place: ....

Date: ....

Place: ....

Date: ....

Place: ....

Date: ....

Place: ....

Date: ....

Place: ....

Date: ....

Place: ....

Date: ....

Place: ....

Date: ....

Place: ....

Date: ....

Place: ....

Date: ....

Place: ....

Date: ....

Place: ....

Date: ....

Place: ....

Date: ....

Place: ....

Date: ....

Place: ....

Date: ....

Place: ....

Date: ....

Place: ....

Date: ....

Place: ....

Date: ....

Place: ....

Date:

Place:

Date: ....

Place: ....

Date: ....

Place: ....

Date: ....

Place: ....

Date: ....

Place: ....

Date: ....

Place: ....

Date: ....

Place: ....

Date: ....

Place: ....

Date: ....

Place: ....

Date: ....

Place: ....

Date: ....

Place: ....

Date: ....

Place: ....

Date:

Place:

Date: ....

Place: ....

Date: ....

Place: ....

Date: ....

Place: ....

Date: ....

Place: ....

Date: ....

Place: ....

Date: ....

Place: ....

_____
_____
_____
_____
_____
_____
_____
_____
_____
_____
_____
_____
_____
_____
_____
_____
_____
_____
_____
_____
_____
_____
_____
_____

Date: ....

Place: ....

Date: ....

Place: ....

Date: ....

Place: ....

Date: ....

Place: ....

Date: ....

Place: ....

Date: ....

Place: ....

Date: ....

Place: ....

Date: ....

Place: ....

Date: ....

Place: ....

Date: ....

Place: ....

Date: ....

Place: ....

Date: ....

Place: ....

Date: ....

Place: ....

Date: ....

Place: ....

Date: ....

Place: ....

Date: ....

Place: ....